L'examen de conscience

Le défaut dominant

Les tempéraments

P. MIGUEL ANGEL FUENTES, IVE
Docteur en théologie morale

L'examen de conscience

Le défaut dominant

Les tempéraments

Verbum Incarnatum Press

TUNISIE - 2020

Imprimatur
Institut du Verbe Incarné

ISNB 978-3-96942-011-9

Edition Octobre 2020
Tunisie

TABLE DES MATIERES

I. L'EXAMEN PARTICULIER DE CONSCIENCE

Les auteurs classiques de la spiritualité chrétienne, depuis les moines du désert aux premiers siècles de notre ère, mais très spécialement à partir du XVI siècle avec Saint Ignace de Loyola, ont considéré comme une méthode privilégiée pour éduquer la volonté, c'est à dire, pour acquérir des vertus, extirper les vices et corriger les défauts, le travail journalier sur un point déterminé de notre vie spirituelle ou affective.

Importance

Je considère que c'est la méthode personnelle la plus utile pour combattre non seulement les défauts communs, mais aussi les vices enracinés et les problèmes d'addiction (en suivant les thérapies nécessaires, en même temps).

Il me semble que cette méthode simple mais exigeante, est très appropriée pour ceux qui veulent progresser dans leur vie spirituelle et devient indispensable pour ceux qui veulent résoudre des conflits affectifs.

Chaque directeur spirituel, de même que chaque thérapeute, est libre de choisir ses méthodes de travail. En respectant la liberté de choix de chacun, je propose cet instrument qui a déjà donné de très bons résultats spirituels et psychologiques pendant des siècles. Saint Ignace de Loyola a été son plus grand divulgateur et la pratiquait régulièrement, comme le disait le Père Lainez au Père Polanco: « Il fait tellement attention à sa conscience que chaque jour il revoit ses notes des semaines et jours précédents essayant d'en tirer profit ».

Le père Narciso Irala, cite le dr Schleich, protestant, professeur de la faculté de médecine à Berlin, qui affirmait : « En toute sécurité je vous dis, qu'avec les règles et les exercices (de la méthode ignatienne), nous pourrions aujourd'hui transformer nos asiles et prisons, et réduire aux deux tiers les gens qui sont enfermés dans nos centres ».

Cette méthode permet de focaliser l'attention et l'énergie d'une personne dans un point précis augmentant sa capacité à réaliser les actes nécessaires pour atteindre ses objectifs.

C'est lamentable que si peu des gens fasse appel à cette méthode, base de la formation de la volonté, et c'est encore plus lamentable de voir des laïcs catholiques, prêtres et religieux, qui connaissent l'importance de cette méthode, la délaisser, la pratiquer de façon peu sérieuse... et s'étonner ensuite de continuer à avoir des vices et des défauts, ou tout simplement de vivre coincés dans leurs chemins spirituels!!!

Ceci est dû en partie, à l'abandon généralisé de la vie spirituelle (de la part des fidèles et des bergers ou pasteurs), en partie aussi à cause des préjugés contre n'importe quel projet spirituel sérieux (et sans aucun doute, ceci est un élément essentiel d'un projet spirituellement sérieux) et d'autre part, à cause de l'ignorance de sa nature et de sa finalité. Et quand on ignore ce dernier point, Casanovas signalait, « l'examen devient un mécanisme compliqué, ennuyeux, à la façon d'une pénitence spirituelle ».

En quoi cela consiste...

L'examen est en même temps un « état » et « une opération de l'esprit ». C'est un « état de l'esprit » dans le sens d'une disposition générale de l'homme qui le rend toujours attentif, et très intéressé de connaitre, discerner et perfectionner les réactions produites dans son âme ».

Voici le premier profit pour une personne avec des défauts enracinés ou des désordres affectifs ; son attitude change et il devient motivé à changer, s'améliorer, et vivre pleinement sa vie et les mouvements intérieurs de son âme.

Il s'agit aussi d'une opération qui « exige des heures et des lois précises pour l'exécuter. L'opération sans l'esprit, termine par devenir une routine agaçante et stérile ; l'esprit sans opération n'a pas d'efficacité pratique ».

Casanovas continue : « Il y a deux types de personnes qui se trompent dans l'explication de l'examen de Saint Ignace : ceux qui sont extrêmement minutieux, suivent à la lettre l'application des règles, et ceux qui les méprisent, qui les considèrent comme un système de comptabilité, inapproprié aux sujets spirituels ». Aussi superficielles comme injuste sont les deux positions.

En résumé :

L'examen « essaie de conserver l'esprit éveillé et actif à tout moment de la journée, pour que l'homme puisse atteindre l'objectif qu'il s'est fixé, de la façon la plus sérieuse et efficace ». Ceci est prioritaire et principal, parce que c'est comme la vie spirituelle de l'âme. Ce qui vient après, est secondaire, même si c'est de grande importance, et il faut le regarder ainsi, comme quelque chose de secondaire et essayer de lui donner sa juste valeur, sans pêcher ni par excès ni par défaut.

Façon de pratiquer les exercices

Saint Ignace explique dans son ouvrage « Exercices spirituels », la meilleure façon de pratiquer les exercices. Il divise le travail en trois moments fondamentaux:
1. Le matin après le réveil, entre les premières choses à faire, il faut d'abord déterminer avec précision l'objectif du travail, c'est à dire, le propos ou le projet personnel spirituel qui est entre nos mains (ce que l'on veut corriger, déraciner, ou acquérir, que ce soit un défaut, une vertu ou une coutume). C'est une prise de conscience. De plus, tout chrétien qui sait que le succès de son travail dépend de l'aide de Dieu, doit aussi demander, dans ce premier moment, le secours qui lui permettra de bien réaliser son travail. Pour ceux qui ont des difficultés avec ce premier pas, il peut être très utile d'écrire une prière dans laquelle, il est fait

mention de l'objectif à atteindre et les motifs. Par exemple, pour ceux qui veulent travailler l'humilité. « Mon Seigneur Jésus Christ, je te demande lumière et grâce dans ce jour pour appliquer tous mes efforts à grandir dans la vertu de l'humilité. Aujourd'hui je voudrais être humble, pratiquant l'humilité dans les mots, dans ce que je dis de moi, comme de mon prochain. Je voudrais vivre l'humilité, à l'imitation de ton coeur humble et doux. Je te demande cette grâce par l'intersection de la Sainte Vierge Marie ».

Il faut tenir compte que dans cette prière, non seulement j'ai indiqué la vertu que je voudrais atteindre, mais aussi l'acte concret dans lequel je désire le concrétiser ce jour précis. Plus tard nous verrons l'importance et la façon de déterminer les possibles actes concrets que nous devons assimiler « un par un ».

2. A midi (avant ou après le repas de midi, ou quand c'est possible, ou plus confortable pour la personne) il faut faire deux choses:

2.1. Se rappeler combien de fois nous avons échoué dans le but fixé (ou si on a réalisé les actes positifs que nous nous étions proposés). Dans ce but, il peut être pratique de revoir ce qui a été fait pendant la matinée, heure après heure ou de lieu en lieu, et le noter dans un cahier ou agenda. Certaines personnes se plaignent de la « matérialité » de ce travail et préfèrent ne pas le faire, limitant ce travail à un exercice de mémoire : mais oublient que la finalité de cet effort est de vaincre la paresse et le relâchement : c'est pour cela que je conseille de le faire par écrit, surtout pour ceux qui souffrent de maladies affectives ou pour ceux qui ont des défauts très enracinés. D'un autre côté, il est utile non seulement d'observer et de noter le nombre des fois qu'on s'est trompé, mais aussi les raisons pour lesquelles cela a eu lieu, afin de se corriger et de travailler d'avantage la prudence.

2.2. De plus, il faut renouveler nos intentions pour le reste de la journée. Saint Ignace proposait la façon suivante de noter (que chacun adapte à sa façon). Pour chaque jour il y a deux lignes, dans la première on note les erreurs (avec un signe) ou l'accomplissement des actes proposés dans la matinée. Dans la deuxième ligne, ceux de l'après-midi.

3. Finalement, à la fin de la journée, il faut refaire l'examen, en revoyant les erreurs commises depuis le milieu de journée jusqu'à ce moment. De nouveau, il faut le noter à l'endroit indiqué.

Saint Ignace enseignait que quand quelqu'un prend conscience d'avoir manqué à son objectif, qu'il fasse un geste externe, que seulement lui doit connaître (mettre la main sur la poitrine, par exemple) de façon à manifester son regret d'être tombé. De façon similaire il est important de prendre conscience d'avoir réussi à atteindre les objectifs que l'on s'est fixé. Casanovas signale que cette façon de prendre conscience est d'une importance capitale: « il n'y a rien de plus important que de se rendre compte de ses propres actes; de la même manière il n'y a rien de pire, que l'inconscience des chutes ou de la routine dans l'action (…) Le fait d'être complètement attentif aux chutes et de faire ensuite l'acte externe, démontre le regret d'avoir chuté et permet de renouveler sa volonté de ne plus chuter. Il n'est pas possible pour celui qui se rend compte de sa chute, de la prendre comme une habitude. Il se repent à l'instant et il prend l'élan qui lui permettra de renouveler son esprit. Cette façon d'agir n'est pas très éloignée de ce qu'on appelle « les rituels saints », utilisés surtout par ceux qui luttent contre des problèmes très graves et très enracinés.

Je n'ignore pas que quelques directeurs spirituels considèrent ce type de travail comme « une mécanisation de la vie spirituelle » : en revanche beaucoup des bons psychologues considèrent que c'est une méthode très efficace. Sans doute, que ce travail mal mené puisse convertir le travail psychologique dans une automatisation inutile ; c'est pour cela que nous vous avons averti de lui donner un esprit, car la lettre sans esprit tue.

De plus, dans l'examen que nous faisons le soir, la personne devra observer si son comportement s'est amélioré par rapport au matin, et chaque jour elle devra comparer son travail, avec la journée même, ou les jours d'avant, et observer si elle s'est améliorée ou pas, en cherchant les causes (si elle s'est améliorée, continuer à travailler dans cette direction, si c'est le contraire, corriger tout ce qui la fait rétrograder) et de temps en temps comparer une semaine avec les précédentes, et regarder si on progresse ou si on s'éloigne de nos objectifs.

Avec un travail ferme, à travers cette méthode on peut corriger des défauts profondément enracinés. Mais il faut de la persévérance, de la ténacité et de l'humilité, pour recommencer quand on se rend compte qu'on est tombé.

Les effets de cet examen sont de grande importance pour la conduite, et je considère que ce type de travail doit être incorporé au traitement des personnes avec une addiction ou avec un désordre affectif.

Jour 1

m..

s..

Jour 2

m..

s..

Jour 3

m..

s..

Jour 4

m..

s..

Jour 5

m..

s..

Jour 6

m...

s...

Jour 7

m...

s...

Le contenu : sur quoi il faut s'examiner ?

En ce qui concerne le *contenu* de l'examen, il doit être toujours quelque chose de très précis, déterminé et suffisamment connu de ceux qui pratiquent cet exercice.

Tout d'abord, il doit être quelque chose de *bien déterminé*. Les erreurs principales dans le travail de la volonté (et également dans d'autres domaines) découlent du fait que l'on prend des résolutions très générales (par exemple, « vouloir être humble » ou « vouloir être généreux »). Même si l'humilité et la générosité sont des vertus concrètes, il s'agit quand même de propos généraux. Et quand on fait face à quelque chose de manière générale, on ne peut pas avancer sur le chemin spirituel. Pour cette raison, le propos particulier doit être toujours quelque chose de concret, et plus il est détaillé, mieux c'est. Si, par exemple, on veut grandir dans l'humilité, il faut préciser les propos : « quels actes d'humilité concrets ? » (dans les regards, dans les paroles, dans les gestes…) ; ou « envers qui ? » (envers les supérieurs, les sujets, l'époux ou l'épouse, les amis, les parents…), ou « à quelle heure de la journée ? », etc. Lorsqu'on a acquis, après une période de travail, une habitude dans ces actes, on peut passer à d'autres actes d'humilité. Dans ce domaine, comme dans les autres, un principe est vrai : il faut gérer les petites choses avec dextérité afin que l'on puisse, plus tard, gouverner les grandes choses.

Deuxièmement : comment *choisir* la matière sur laquelle il faut travailler ? Voici un texte de Casanovas, que j'ai déjà mentionné : « Généralement, les auteurs ascétiques soulignent la nécessité de choisir habilement le défaut ou la vertu particuliers sur lesquels l'examen particulier doit être fait. Pour assurer ce point, ils établissent la théorie de la passion dominante[1], affirmant qu'il faut attaquer en premier le vice principal, puis les vices secondaires, et qu'il faut pratiquer ensuite une vertu. Tout cela est très exact et il s'agit d'une théorie fondée sur la valeur des vices et des vertus ; mais *si l'on suit le but* auquel vise l'examen selon l'esprit de Saint Ignace, *il convient parfois de suivre un critère différent*. Étant donné que le but de l'examen particulier est de garder toujours le désir de sainteté vivant et très actif, il faudrait préférer que ce qui satisfait le genre de personne et les circonstances dans lesquelles les personnes se trouvent, soit plus efficace pour enflammer ce désir, même si cela casse les modèles de l'ordre objectif avec lequel nous valorisons les vices ou les vertus. La diversité des esprits par rapport à un même degré de perfection ou d'imperfection est si grande et il y a tellement de dispositions dans lesquelles un même esprit peut se trouver, qu'il est très difficile de décréter a priori ce qui est le plus fructueux. Ne perdons jamais de vue le fait que la sainteté est une vie et non une théorie, même si bien pensée, et que l'examen particulier n'est pas un but en vertu duquel on modèle la vie de l'âme, mais un moyen pour la préserver et pour la perfectionner »[2]. Par conséquent, la matière sur laquelle une personne doit s'examiner devrait être déterminée en fonction des besoins de cette personne concrète « ici et maintenant ». Pour cette raison, par exemple, une personne dominée par un vice tel que la luxure ou l'alcool, même si sa passion dominante ou son vice dominant est la luxure ou

---

[1] Même si nous allons traiter ce sujet dans la deuxième partie de ce travail, nous anticipons ici, afin de comprendre ce dont nous parlons, que la passion dominante ou le défaut dominant est, d'après Casanovas, la propension ou l'inclination à un certain acte peccamineux, produite par la répétition fréquente de cet acte. Nous sommes tous nés avec des prédispositions naturelles à certains actes bons et à d'autres actes mauvais qui font partie de notre tempérament. Si la volonté ne s'oppose pas à ces prédispositions connaturelles au mal dès le début, ces prédispositions acquerront immédiatement plus de force et elles deviendront de vrais défauts. Le « défaut dominant » d'un homme est le penchant dont l'impulsion est la plus fréquente et la plus forte, même si elle n'est pas toujours visible à l'extérieur. Il est souvent la source des autres défauts et des autres péchés dans lesquels chaque personne tombe fréquemment.

[2] Casanovas, ibidem, 370-371.

l'alcool, devrait s'examiner, au moins à certains moments de sa vie, sur sa confiance et sur son abandon à Dieu (puisque, sans ces attitudes, il est impossible de guérir), ou sur son humilité (quand il y a un complexe d'infériorité à la source), ou sur d'autres actes différents quand on essaie d'utiliser l'examen principalement pour renforcer ou pour élever la volonté.

Travail préalable

J'affirme qu'il n'est pas possible d'acquérir une vertu et de combattre un vice ou un défaut si l'on ne connait pas le terrain sur lequel on travaille. Un bon soldat étudie en détail son armée, son ennemi et le terrain sur lequel la bataille aura lieu ; s'il ne le fait pas, la défaite est assurée. Dans notre cas, quelque chose de similaire se passe : si quelqu'un veut acquérir une vertu, il doit devenir une sorte de « spécialiste » en matière. Lorsque quelqu'un me dit, par exemple, « Je pense que je dois travailler sur la douceur parce que mon problème principal est la colère », je lui réponds d'habitude : « Cela me semble une bonne idée ; dis-moi quinze actes que tu vas mettre en œuvre pour atteindre cet objectif ». La plupart d'entre eux restent perplexes ; tout au plus un ou deux actes leur viennent à l'esprit. Ça veut dire qu'ils savent peu ou rien de cette vertu ; mais de cette manière, un travail sérieux n'est pas possible, car ils ne pourront pas se rendre compte des opportunités qui leur sont offertes de pratiquer cette vertu s'ils ne savent pas bien en quoi consistent cette vertu et les différentes situations dans lesquelles elle agit. Il en est de même en ce qui concerne les vices. Ceux qui veulent travailler sérieusement doivent (selon leurs capacités et leurs aptitudes) se renseigner sur le sujet.

Pour cette raison, pour un travail sérieux, je recommande tout d'abord de lire ce que les livres classiques de spiritualité ou de morale disent au sujet de la vertu que l'on veut acquérir ou du vice que l'on veut déraciner (par exemple, quelques œuvres d'Antonio Royo Marín, Tanquerey, Garrigou-Lagrange, Merkelbach, Prümmer, etc.).

Dès que l'on a fait cela, on pourra faire une liste, aussi exhaustive que possible, de tous les actes qui peuvent être liés de manière *directe* ou *indirecte* à la vertu ou au vice auxquels on veut faire face, tels qu'ils se présentent *dans la vie quotidienne de la personne concernée*. Une liste de quinze ou vingt actes serait excellente. Ici, je propose, à titre d'exemple, quelques schémas d'orientation sur la chasteté (et son contraire, la luxure), sur la paresse (et son contraire, la méticulosité) et sur l'humilité (et son contraire, l'orgueil). La manière dont ils sont structurés peut suggérer d'autres schémas possibles :

Exemple 1 : matériel pour travailler sur la chasteté et sur la luxure

A. La cause principale des péchés de luxure sont les *occasions de péché* qui se présentent à la *vue*. Par conséquent :
   - Je ne regarderai jamais la télévision quand je suis seul.
   - J'établirai des limites pour l'heure du coucher : après l'heure établie, je ne continuerai pas à regarder la télévision ou à être connecté à Internet.
   - Je ne naviguerai pas sur Internet dans des endroits où je ne peux pas être vu par les autres. J'utiliserai des filtres contre la pornographie et (si je suis religieux) des programmes qui montrent à mes supérieurs les sites que je visite.
   - Je ne chatterai pas ou je le ferai seulement en présence d'autres personnes ou de membres de ma famille.
   - Je serai vigilant dans la lecture de magazines, de journaux, etc.
   - J'éviterai les endroits et les environnements dangereux.
   - Je mettrai fin à toute amitié purement superficielle et frivole.

B. La *sensibilité* (ou la mollesse des sens) est une autre cause principale de la chute dans la luxure. Donc, pour surmonter ce problème :

- J'essayerai de faire de la mortification lorsque je mange.
- Je pratiquerai la pénitence corporelle, autant que possible, pour maintenir la domination sur mon corps.
- Je mortifierai mes sens, en me privant parfois de quelque bonne chose (par exemple, de regarder quelque chose d'honnête, de sentir du parfum agréable, de toucher quelque chose d'agréable ; non parce que c'est une chose mauvaise, mais pour *apprendre à renoncer* à quelque chose qui m'est permise. Cela me rendra plus fort quand je dois dire «non» aux tentations illicites).
- Je maintiendrai mon hygiène personnelle sans chercher le confort et j'essayerai plutôt de forger ma volonté : en mortifiant mes sens (par exemple, avec un jet d'eau froide dans la douche), en ne consacrant que peu de temps à mon hygiène personnelle, en étant ordonné, etc.

C. Une autre source de chutes dans luxure est la *paresse* ; c'est pourquoi :

- J'essayerai d'être toujours occupé, même quand je n'ai aucune obligation (donc, j'essayerai de faire de bonnes lectures, de pratiquer des passe-temps, de faire quelque travail manuel, etc.).
- J'essayerai de faire de l'exercice physique au moins deux fois par semaine (marche, sport, gymnastique, etc.).

D. Beaucoup de personnes tombent dans le péché de luxure à cause de leur orgueil ; donc :

- Je devrai veiller sur ce point-ci, en essayant d'être de plus en plus humble. Je profiterai de l'occasion de m'humilier par des occupations et des travaux « non prestigieux » aux yeux des autres (et des miens aussi).
- Je demanderai à Dieu la grâce d'accepter avec humilité les humiliations auxquelles les autres me soumettent.

E. Je ne peux pas aspirer à la vertu de chasteté sans *l'aide de Dieu* ; par conséquent :

- Je communierai fréquemment (tous les jours, si possible) et je me confesserai toutes les semaines.
- Je n'abandonnerai jamais la dévotion à la Sainte Vierge, en particulier le Chapelet quotidien.

F. La Sainte Écriture dit que quiconque considère la nature du péché et ses conséquences, il ne pèche pas ; par conséquent :
- Je considérerai la malice du péché de luxure, la dégradation qu'il impose à mon corps.
- Je me rappellerai chaque jour (particulièrement avant de me coucher) qu'un jour je devrai mourir, que je ne connais pas le moment, que je serai jugé pour tous mes actes, et que je me sauverai ou condamnerai selon mes œuvres (bonnes ou mauvaises).

G. La chasteté est une vertu qu'on acquiert par des actes positifs, même si indirects. Par conséquent :
- Je serai modeste dans ma façon de m'habiller.
- Honnête dans ma façon de parler et dans mes gestes (pas de vulgarité, pas de vanité, rien qui puisse attirer l'attention).
- Prudent et équilibré dans le comportement affectif envers les autres.
- Pure dans mes regards (je regarderai les autres comme je veux qu'ils regardent ma sœur ou mon frère, mon père ou ma mère).
- Je demanderai la grâce de la pudeur et je ferai toute chose avec pudeur.

Exemple 2 : matériel pour travailler sur la paresse et sur la sollicitude

A. La paresse est la tristesse des choses spirituelles ; pour cela : j'essayerai de me réjouir des choses spirituelles (de la Messe, de la prière, des épreuves, des maladies, des échecs). Pour cela : j'inclurai mes échecs quotidiens dans mon action de grâce quotidienne.

B. La paresse nous pousse à négliger, à réduire ou à omettre des actes spirituels pour des raisons futiles ; donc je me propose cela :

- Je ne réduirai aucun des actes dans lesquels la paresse m'attaque (que ce soit un acte de piété ou de prière).
- Je ne les omettrai que pour obéissance, pour l'urgence de la charité ou pour des devoirs pastoraux.
- Au contraire, j'essayerai de faire ces œuvres avec perfection.

C. La paresse me pousse à terminer ce que je n'aime pas. Par conséquent :
- Je ne me dépêcherai pas dans les tâches que je méprise le plus.
- Je donnerai à la prière le temps qu'elle mérite (action de grâce après la Messe, examen de conscience, préparation à la Messe).
- Je ne ferai pas ce que j'aime le plus quand ça occupe la place ou le temps d'autres choses que je dois faire conformément à mes devoirs d'état.

D. Elle pousse à choisir les tâches en fonction du plaisir qu'elles procurent. Donc : je choisirai mes activités en fonction de l'urgence, de l'utilité pour le prochain ou des requêtes de mes supérieurs.

E. Le fils de la paresse est le désespoir (la répugnance ou la fuite devant ce qui est difficile). Pour cela : je dois remplir mon âme avec l'espoir de pouvoir poursuivre les œuvres que Dieu me demande, même si elles me semblent très ennuyeuses, lourdes ou impossibles à accomplir.

F. Elle produit de la pusillanimité face à ce qui semble difficile. C'est pourquoi je ferai face aux œuvres de ma sanctification quotidienne avec beaucoup de force d'âme et de générosité.

G. Elle produit du ressentiment et de l'amertume envers ceux qui nous commandent ou qui nous demandent des choses qui nous coûtent et que nous n'aimons pas. Par conséquent :

- Je serai obéissant et j'aurai une bonne attitude envers ceux qui me commandent (mes supérieurs) ou envers ceux qui me demandent de faire un travail que je n'aime pas. Cela implique que je ne me plaindrai pas de ce qui m'a été commandé, que je ne remarquerai pas qu'on me demande quelque chose de lourd ou d'injuste (ça serait une forme de « vengeance » qui donne l'impression au supérieur d'être un tyran).

- Je traiterai avec une charité singulière et avec patience ceux qui me demandent des choses qui coûtent ou qui gâchent mes projets (normalement, je les traite mal, pour qu'ils ne me demandent davantage ou pour qu'ils soient concis).

H. Elle produit « divagation », curiosité, bavardage, agitation physique… c'est-à-dire des « palliatifs », des diversions avec lesquelles nous compensons l'effort du devoir. Pour cela, je ferai tout mon possible pour éviter de me distraire ou pour rechercher des « fuites » dans les distractions.
Je ne me consacrerai aux loisirs qu'au moment de la récréation, et pendant le travail ou la prière, je ferai tout ce qui est en mon pouvoir pour bien faire mon devoir.

I. Pour faire face à la désolation qui accompagne certains actes spirituels, je dois méditer sur la valeur et sur l'importance de ces actes dans ma vie.

J. Augmenter ce qui augmente la charité (à laquelle s'oppose la paresse) :

- Dévotion à l'Eucharistie
- Dévotion à la Sainte Vierge
- Lecture et méditation des Saintes Ecritures

K. La tentation de la paresse peut être une purification divine. Pour cela : je demanderai à Dieu de la patience… beaucoup de patience !

Exemple 3 : matériel pour travailler sur l'humilité et sur l'orgueil

A. L'humilité jaillit de la connaissance correcte de moi-même, de mes péchés, de l'action de Dieu dans mon âme, et c'est une grâce que je dois demander. Pur cela, je dois :
- Demander la grâce de grandir dans l'humilité
- Prier les litanies de l'humilité (du Cardinal Merry del Val)

B. Je dois également me donner les moyens de me connaître ; pour cela, je dois :
- Me souvenir de mes péchés
- Me souvenir que tout ce que j'ai de bon, c'est Dieu qui me l'a donné gratuitement

C. L'orgueil rend l'obéissance lourde, en particulier envers ceux qui sont égaux ou inférieurs à moi. Pour cette raison, je dois :
- Obéir docilement à mes égaux ou aux inférieurs
- Demander à quelqu'un d'autre de m'indiquer quoi faire (rechercher l'obéissance)

D. L'orgueil me fait ressentir les plaisanteries et les humiliations comme injustes. Je dois donc :
- Accepter silencieusement les plaisanteries et les humiliations
- « Suivre le courant » quand on se moque de moi (apprendre à rire de moi-même)

E. L'orgueil me pousse à croire que je suis supérieur aux autres, à les juger et à ne pas accepter l'aide des autres ; donc, j'essayerai de:
- Demander de l'aide aux autres (des conseils, des avis, des explications)

- Chercher la compagnie de ceux qui, selon mon avis, « m'éclipsent »
    - Ne m'amuser pas en pensant aux fautes des autres
    - Parler bien des autres

F. L'orgueil me pousse à chercher la vaine gloire qui vient des hommes ; pour cela, je essayerai de :
    - Ne parler pas de moi, surtout si c'est pour mon honneur
    - N'écouter pas ceux qui parlent bien de moi
    - Ne donner pas mon avis si personne ne me le demande ou si ce n'est pas nécessaire

G. A cause de l'orgueil, accepter mes erreurs me coûte ; donc, je me propose de:
    - Accepter les corrections en silence
    - Demander pardon personnellement à ceux que j'ai offensés

H. Le Christ est le modèle suprême d'humilité. Je devrai donc contempler l'humiliation de Jésus dans Sa Passion

I. A cause de l'orgueil, j'aime penser à moi-même et j'aime que les autres pensent du bien de moi. C'est pour cela que je ne m'entretiendrai pas à penser à moi.

J. Pour grandir dans l'humilité, il est nécessaire de savoir ce que c'est et comment on peut l'atteindre ; pour cela, je vais lire et méditer sur cette vertu.

Le travail proprement dit

Les schémas qui figurent ci-dessus ne sont que des suggestions ; chaque personne peut ajouter ou enlever des éléments ou élaborer un plan similaire pour d'autres vertus ou défauts, comme indiqué précédemment. Comme on peut le voir, pour élaborer un schéma sur d'autres vertus ou vices, il suffit d'énumérer les éléments principaux de cette vertu (la nature, la cause, la façon pour l'acquérir, les actes principaux, les actes secondaires, les effets, les occasions de la pratiquer, les vices qui s'opposent à elle…), en déterminant ensuite des différents actes concrets pour alimenter cet aspect ou pour le déraciner. Les exemples donnés ci-dessus sont éloquents.

En tenant compte de ça, la personne qui doit travailler dans cette façon ne devra s'examiner que *sur l'un de ces points* aussi longtemps que nécessaire jusqu'à ce qu'il reste enraciné ; après quoi, elle pourra passer à un autre. Elle ne doit pas travailler sur plusieurs éléments en même temps, car ce serait le contraire de ce que l'examen particulier cherche à faire (son objectif est de concentrer l'énergie de la volonté et l'attention de l'intelligence sur un point central). On comprend également que, lorsqu'on examine un nouvel aspect ou un nouvel acte, il faut *perpétuer l'exercice des actes déjà acquis*. On doit gagner du terrain à chaque examen. De cette façon, en peu de temps, une personne peut passer d'apathique à énergique et de vicieux à vertueux.

Les effets

Le travail ainsi réalisé peut non seulement conquérir ou faire grandir une vertu (ou éliminer un défaut) sur lesquels l'attention est focalisée, mais il a un autre effet important : il renforce la volonté qui, à chaque acte ferme et énergique, se fortifie et se consolide.

Ainsi, au-delà de ce bénéfice sur la volonté, il en produit un autre plus important (qui en est, selon certains auteurs, le fruit principal) : il maintient en vie l'intérêt pour la sainteté et la perfection.

Avant tout, nous devons reconnaître une grande vérité : très fréquemment (pour ne pas dire « presque toujours »), sans un examen particulier sérieux, tous les bons désirs et toutes les bonnes tentatives sont destinés, tôt ou tard, à un échec total et le chrétien finit par être emprisonné dans la tiédeur et dans la médiocrité. Pour cette raison, ne pas lui accorder l'importance qu'il mérite peut-être un signe d'idiotie.

II. LE DEFAUT DOMINANT

En mentionnant l'objet sur lequel l'examen particulier doit être fait, nous avons dit, d'après le Père Casanovas, qu'il n'est pas toujours nécessaire de s'examiner sur le défaut dominant. Pour être plus précis, nous devons dire que, même s'il y a des circonstances qui requièrent, dans certains cas, un travail plus urgent sur un autre aspect de notre personnalité, notre engagement consistera en grande partie à extirper notre défaut dominant et, tôt ou tard, nous devrons nous en occuper sérieusement.

1. L'ignorance sur le sujet chez les bonnes personnes

Malgré ce que les auteurs classiques de la spiritualité ont écrit à ce sujet, l'ignorance sur cette doctrine est remarquable. Ou, pour parler plus précisément, nous devons reconnaître qu'un nombre considérable de bons chrétiens qui connaissent ce dont on parle quand on mentionne le défaut dominant, ignorent cependant quel est celui par lequel ils sont dominés. Une déclaration que le Père Amedeo Cencini a faite sur les personnes consacrées, en citant une étude de L. M. Rulla, en atteste : «À l'entrée en théologie ou au noviciat, 86% des clercs ignoraient leur conflit central (ce que l'on appelait autrefois « le défaut dominant ») ; *après quatre ans de formation, 83% d'entre eux ignoraient encore leur point faible* (parmi les religieux, 87% ne connaissaient pas leur inconsistance centrale au début du noviciat, et 82% après quatre ans)»[3]. Et nous parlons ici de personnes qui, en théorie, ont consacré leur vie à la recherche de la perfection spirituelle !

---

[3] Cf. Cencini, *Por amor…*, 111; l'étude à laquelle il se réfère est : L.M. Rulla-F. Imola - J. Ridick, *Antropología de la vocación cristiana II. Confirmaciones existenciales*, Madrid 1994, 182ss.

Malheureusement, nous pouvons constater que le langage moderne a cessé d'utiliser l'expression précise « défaut dominant », en partie à cause de l'invasion de la psychologie sur le terrain strictement spirituel. Dans la citation que nous avons transcrite, nous lisons « conflit central », « point faible », « inconsistance centrale »... Il s'agit de termes qui décrivent, sans aucun doute, la réalité dont nous parlons, mais qui manquent de la force de l'adjectif que la tradition lui donnait : *dominant*. Toutefois, l'usage classique n'a pas perdu sa puissance et son actualité. Outre l'expression « défaut dominant », d'autres auteurs ont utilisé et utilisent des formules équivalentes, telles que « disposition dominante », « passion dominante », « vice dominant », etc.

2. Sa nature

Qu'est-ce que c'est le défaut dominant ? Pour reprendre les mots de Fulton Sheen, on pourrait dire que c'est « ce qu'il y a de pire en nous »[4]. C'est ce d'où dérivent toutes ou la plupart des fautes qu'une personne commet, et c'est le plus grand obstacle au progrès spirituel.

C'est le défaut qui nous pousse à commettre plusieurs péchés, en particulier des péchés d'affection ; c'est ce qui réveille en chacun les désirs les plus violents et les plus tenaces ; c'est ce qui nous amène à des joies exagérées comme à des tristesses profondes ; c'est ce que la grâce nous reproche le plus et ce qui garde la relation avec la façon naturelle de penser, de ressentir et de travailler de chacun ; c'est ce qui constitue le fond trouble de notre caractère et qui garde une relation intime avec notre façon d'être individuelle. Il y a des tempéraments qui sont naturellement enclins à la mollesse, à l'indolence, à la paresse, à la gourmandise et à la sensibilité; d'autres à l'orgueil, etc.[5]

---

[4] Sheen, Fulton, *Eleva tu* corazón, Buenos Aires (1966), 113 (c. XI. "Emergencia del carácter").

[5] Cf. Garrigou-Lagrange, *Le tre età...*, Rome (2002) II, 62ss.

Garrigou-Lagrange le définit comme « *notre ennemi domestique*, à l'intérieur de nous-mêmes, car il peut, s'il se développe, arriver à ruiner tout à fait l'œuvre de la grâce ou la vie intérieure… Le défaut dominant est d'autant plus dangereux qu'il vient souvent compromettre notre qualité principale, qui est une heureuse inclination de notre nature, qui devrait se développer et être surélevée par la grâce… En tout homme il y a du noir et du blanc, il y a un défaut dominant, et aussi une qualité naturelle… Il faut donc particulièrement veiller à ce que le défaut dominant ne vienne pas étouffer notre principale qualité naturelle, ni notre attrait spécial de grâce. Autrement notre âme ressemblerait à un champ de blé envahi par l'ivraie ou la zizanie, dont il est parlé dans l'Évangile… Il est parfois comme un ver rongeur dans un beau fruit… Dans la citadelle de notre vie intérieure, défendue par les différentes vertus, le défaut dominant est comme le *point faible*, non défendu par les vertus théologales et par les vertus morales. L'ennemi des âmes cherche précisément en chacune ce point faible, facilement vulnérable, et il le trouve aisément »[6].

En chaque personne, le défaut dominant est plus lié au *substrat du tempérament* qu'aux vices acquis tout au long de la vie, y compris ceux qui peuvent dégénérer en quelque dépendance. Pour cette raison, le défaut dominant ne doit pas être confondu avec d'autres habitudes qui peuvent être, à cause des circonstances, *plus graves* que le défaut et qui exigent peut-être que nous y travaillions de façon plus urgente qu'avec le défaut. La personne peut avoir des vices objectivement plus graves que le défaut dominant qui en est à l'origine.

Le défaut dominant correspond, si je ne me trompe pas, à la forme que le *fomes peccati* prend en chaque personne, à la labilité morale, c'est-à-dire la tendance à glisser sur le plan moral – héritage du péché originel –, qui est lié aux différentes conformations des tempéraments[7]. Il est donc important de

---

[6] Garrigou-Lagrange, *Le tre età*, II, 62-64.

[7] Le *Catéchisme de l'Église Catholique* dit au numéro 1264: « Dans le baptisé, certaines conséquences temporelles du péché demeurent cependant, tels les souffrances, la maladie, la mort, ou les fragilités inhérentes à la vie comme les

connaître la théorie des tempéraments, avec leurs différentes qualités positives et négatives.

Bien qu'aucune des typologies de tempérament – dont nous allons parler dans la dernière partie – n'existe à l'état pur et qu'elles puissent prendre de nombreuses formes, on peut établir des lignes maîtresses et des défauts que nous pouvons également appeler *maîtres* : la colère explosive et le mauvais caractère du colérique, la superficialité et l'instabilité du sanguin, la tristesse et la tendance au ressentiment du passionné, la paresse et l'indifférence de l'amorphe, etc.

Le défaut dominant est tellement important que, même dans les cas où la charité pousse à travailler avant tout sur un autre vice qui nuit peut-être au prochain ou à nos devoirs d'état, nous ne devons pas oublier que chaque vice *porte en quelque sorte le signe* du défaut dominant. Les manques de charité ne sont pas les mêmes chez ceux qui ont un substrat colérique et chez ceux qui sont rancuniers ou superficiels. Même la luxure des impulsifs et celle des égoïstes ne sont pas identiques. L'orgueil a des signes de despotisme chez les colériques et de rancune dans les mélancoliques… Si nous ne tenons pas compte de ça, les examens de conscience seront toujours abstraits et impersonnels, et donc inefficaces.

3. La nécessité de le combattre

Saint Alphonse dit: « Nous devons surtout rechercher quelle est notre passion dominante. Qui la dompte, domptera tout ; mais qui se laisse gouverner par elle est perdu… Il y a des personnes qui… cherchent à se défaire de certains défauts de peu d'importance mais elles gardent leur passion dominante. Si elles ne triomphent pas de cette passion, il leur sera impossible peut-

---

faiblesses de caractère, etc., ainsi qu'une inclination au péché que la Tradition appelle *la concupiscence*, ou, métaphoriquement, " le foyer du péché " (*fomes peccati*) : " Laissée pour nos combats, la concupiscence n'est pas capable de nuire à ceux qui, n'y consentant pas, résistent avec courage par la grâce du Christ. Bien plus, 'celui qui aura combattu selon les règles sera couronné' (2 Tm 2, 5) " ».

être d'obtenir leur salut[8]. Il ajoute en parlant des « effets *funestes* de la passion dominante » : « Elle rend le salut moralement impossible, elle aveugle sa victime et elle la fait tomber dans toute sorte d'excès… Si nous ne tuons pas… la passion dominante, nous n'obtiendrons jamais le salut. Quand la passion domine l'homme, elle commence par l'aveugler, ce qui ne lui permet pas de voir son propre danger »[9].

4. Les moyens pour le connaître

Le nombre des personnes qui, après plusieurs années de vie spirituelle, continuent à ne pas identifier leur défaut dominant, est remarquable.

Pour découvrir la passion qui nous domine, deux dispositions préalables sont nécessaires.

La première : demander à Dieu les moyens nécessaires, c'est-à-dire la lumière surnaturelle pour bien connaître notre monde intérieur et le désir sincère de travailler sérieusement à la réforme de nous-mêmes. Ce dernier a une importance vitale, car il arrive souvent que nous soyons disposés à nous connaître, mais pas beaucoup à changer. Et devant ces dispositions, il n'est pas étonnant que Dieu ne donne pas des lumières, car Il n'éclaire pas le chemin de ceux qui ne souhaitent pas réellement marcher.

La deuxième : nous devons rechercher la valeur pour désigner les choses « par leur vrai et mauvais nom, dès qu'on les découvre ; au contraire, nous appellerons " le complexe d'infériorité " notre manque de vigueur, et " une libération de la libido " notre amour désordonné pour ce qui est charnel. Judas a perdu sa possibilité de se sauver car il n'a jamais désigné l'avarice par son nom, mais il l'a cachée sous le masque de l'amour pour les pauvres »[10]. Ce constat ne manque pas d'importance, car ceux qui sont disposés à accepter le fait qu'ils ont un fond profondément égoïste, sensuel, avide ou rancunier, sont peu

---

[8] Saint Alphonse, *Sermón 41*, Obras ascéticas, Madrid (1954), vol. II, 810.
[9] Ibidem, 811.
[10] Sheen, Fulton, *Eleva tu corazón*, 114.

nombreux. Cette peur de faire face à la vérité nue est l'un des obstacles les plus importants dans la découverte de notre passion dominante.

Parmi les moyens pour amener à la conscience notre défaut dominant, on peut mentionner les suivants.

En premier lieu, comme le souligne Mgr Fulton Sheen, une chose qui peut nous aider est observer le défaut qui nous irrite le plus lorsque nous sommes accusés : un traître est en colère lorsqu'il est accusé pour la première fois d'être infidèle à sa patrie. Il faut également considérer quel est le manque que nous condamnons plus fréquemment ou véhémentement dans le prochain, car, à cause d'étranges tournures de notre psychologie, c'est généralement le même manque qui nous concerne nous aussi. C'est ainsi que Judas a accusé Notre Seigneur de ne pas aimer suffisamment les pauvres. Cela s'explique peut-être par le fait que ce manque, observé chez les autres, semble nous accuser.

Un autre moyen qui nous permet de découvrir notre défaut est la manière dans laquelle les autres se comportent envers nous. Cela est lié à la loi physique pour laquelle chaque action produit une réaction opposée et égale. C'est vrai aussi sur le plan psychologique. Parfois, les autres se méfient de nous, car nous nous sommes d'abord méfiés d'eux. Si nous traitons mal notre prochain, il est probable qu'il nous traitera mal. Pourtant, ce n'est pas un principe général, car nous sommes parfois traités mal sans que nous ayons fait pareil, comme il arrive, par exemple, à un saint qui est persécuté. Mais plus souvent, le comportement des autres envers nous reflète nos dispositions intérieures.

Un autre moyen consiste à se demander où vont nos soucis ordinaires ; ce que nous pensons et désirons ; quelle est l'origine habituelle de nos péchés ; quelle est généralement la cause de nos tristesses et de nos joies. Et il convient de se demander également ce que notre directeur spirituel en pense.

Nous pouvons également constater que ce défaut est souvent lié aux tentations que l'ennemi suscite le plus fréquemment dans notre âme, parce que – comme l'enseigne Saint Ignace – il nous attaque dans notre point le plus faible.

Enfin, on peut également le découvrir en tenant compte du fait que, dans les moments de véritable ferveur, les inspirations de l'Esprit Saint accourent et elles nous demandent des sacrifices dans les choses qui nous posent plus de difficultés morales.

5. Le moyen de le combattre

Il ne sert à rien de connaître notre défaut dominant si nous ne nous engageons pas à l'extirper. Et cela est possible seulement si nous le combattons de façon permanente. Le travail superficiel, d'une courte durée, ou sans centrer le problème, laisse intact ce défaut, ou au moins ses racines. Et de cette façon, comme le fait le Phénix, il renaît plusieurs fois de ses cendres qui ne sont pas véritablement des cendres, contrairement à ce qu'elles semblent.

Les moyens que la spiritualité classique nous suggère pour ce travail sont bien connus.

Le premier est la prière : sans la prière, nous ne pouvons rien atteindre dans notre vie spirituelle, ni corriger ou transformer le fond sombre de notre personnalité.

Le cœur de ce travail a ses racines dans l'examen particulier de conscience, qui a été l'objet de la première partie de cet écrit. Il est vraiment très difficile, presque impossible, de vouloir éliminer cette passion sans être fidèle à ce moyen spirituel.

Nous devons mentionner encore une chose, que quelqu'un considère comme une partie de l'examen particulier : apprendre à s'imposer une pénitence chaque fois qu'on manque aux résolutions qu'on a prises pour lutter contre son défaut dominant. Nous progresserons peu si nos chutes, même les chutes répétées, restent impunies. La discipline a une fonction pédagogique et corrective de grande valeur à ce propos.

Mgr Fulton Sheen mentionne un autre élément important : veiller à ce que le manque prédominant soit une occasion de progrès dans la vertu. Au niveau physique, il arrive souvent que les parties qui ont été endommagées, une fois soignées, deviennent les plus fortes. Par exemple, un tissu cutané blessé, dès qu'il se cicatrise, il devient plus fort que le reste de la peau.

De même, un défaut vaincu peut devenir le point le plus fort sur lequel une personne compte. Dans la vie des saints, nous voyons que beaucoup d'entre eux se sont distingués – et c'est justement pour cela que nous nous les rappelons – pour certaines vertus qu'ils ont dû améliorer afin de faire face à leurs défauts personnels. Un exemple très connu est celui de Saint François de Sales, que nous louons pour sa douceur qui a été le résultat de sa lutte contre son propre tempérament colérique. On peut mentionner beaucoup d'autres exemples. « Les ivrognes, les alcooliques, les morphinomanes, les matérialistes, les sceptiques, les luxurieux, les gourmands, les larrons, etc., tous peuvent transformer le point dans lequel ils ont été vaincus en leur plus grande victoire »[11].

6. Le défaut dominant et les vices capitaux

De nombreux auteurs spirituels ont souligné que le défaut dominant coïncide avec l'un des vices ; mais en fait, il serait plus juste de dire que chaque défaut dominant a sa racine dans un des péchés capitaux. On appelle comme ça les péchés capables de causer d'autres péchés.

La « capitalité » désigne donc un mode de causalité particulier. Il ne s'agit pas d'une causalité matérielle, c'est-à-dire qu'un péché donne l'occasion d'en commettre un autre, comme la gourmandise donne l'occasion de tomber dans la luxure et que l'avarice cède la place au conflit. Il ne s'agit même pas d'une causalité efficiente, comme c'est le cas lorsqu'un péché répété produit un penchant à commettre le même péché (un vice), ni au sens où cela ouvre la porte à d'autres péchés pour détruire ce qui pourrait être un frein au péché (par exemple, un péché qui détruit la pudeur devient la *cause* de bien d'autres péchés que la personne commettra pour avoir perdu la honte).

Il s'agit en fait d'une causalité finale : le vice capital est le principe directeur et conducteur (*ductivus*)[12], c'est-à-dire qu'il

---

[11] Sheen, Fulton, *Eleva tu corazón*, 120.

[12] Cf. Saint Thomas d'Aquin, *Somme théologique*, I-II.

engendre un bon nombre d'autres péchés (principe), les dirige (directif) vers son propre intérêt. Il est la racine et le commencement d'autres péchés qui lui sont nécessaires pour atteindre son propre but. Le « péché capital » est le péché dont le but (le plaisir sexuel dans le cas de la luxure, la vengeance dans le cas de la colère, l'exaltation de soi-même dans le cas de l'orgueil) plaît extrêmement à une personne. C'est pourquoi il pousse la personne à commettre bien d'autres péchés qui lui permettent d'atteindre ce but. Par exemple, l'avarice, dont le but est l'accumulation indéfinie de richesses, pousse la psychologie de l'avare à frauder, à tromper, à voler, à avoir un cœur dur et à manquer de miséricorde... Ce sont des actes indispensables pour atteindre le but d'accumuler de l'argent.

De plus, le vice capital « façonne » son propre style dans les péchés qu'il engendre comme moyens pour atteindre son but : « L'objet en lequel un homme se repose comme dans sa fin ultime domine ses affections, car il en reçoit des règles pour toute sa vie »[13], dit Saint Thomas. Du vice capital découlent les règles sur la façon dont on vit et on commet les autres péchés qu'il cause. Le luxurieux, qui vole pour obtenir de l'argent dans le but de satisfaire sa concupiscence et qui, pour le même but, ment ou commet d'autres actes similaires, donne à tous ces actes le style de la luxure qui le domine. Pour cela, Aristote a dit que celui qui vole pour commettre un adultère est plus adultère que voleur. Les péchés capitaux déterminent donc les différents profils psychologiques des pécheurs.

La Sainte Écriture ne mentionne ni le nombre ni la liste de ces péchés, mais au cours des six premiers siècles de l'Église, les auteurs spirituels ont élaboré trois classifications distinctes. Cassien mentionne les vices principaux dans cet ordre : la gourmandise, la concupiscence, la fornication, l'avarice, la colère, la tristesse, la paresse ou ennui du cœur, la vaine gloire, l'orgueil. Il parle de la gloire et de l'orgueil ; il distingue la tristesse de la paresse et il omet l'envie[14].

---

[13] Saint Thomas d'Aquin, *Somme théologique,* I-II.
[14] Cf. Cassien, *De coenobiorum institutis,* V; *Collationes* V.

Saint Jean Climaque énumère sept vices principaux. Il identifie la vaine gloire avec l'orgueil et, lui aussi, il omet l'envie. Les autres vices coïncident avec ceux indiqués par Cassien[15].

La tradition la plus forte était, au contraire, celle de Saint Grégoire le Grand[16], qui établit trois niveaux liés entre eux : 1) au sommet, il y a l'orgueil qui est « initium omni peccati » (Si 10), qui est comme un super-vice capital, puisque il engendre tous les autres vices ; 2) ensuite, il y a les sept vices capitaux engendrés par l'orgueil : la vaine gloire, l'envie, la colère, la tristesse, l'avarice, la gourmandise, la luxure ; 3) enfin, il y a les péchés que Saint Grégoire appelle « les filles des vices capitaux », c'est-à-dire les péchés que chacun d'entre eux cause de manière particulière :

ORGUEIL :
- **Vaine gloire → désobéissance, jactance, hypocrisie, dispute, entêtement, discorde.**
- **Envie → haine, rumeur malveillante, dénigrement, joie du malheur d'autrui.**
- **Colère → querelle, outrage, blasphème, indignation.**
- **Paresse → malice, rancune, pusillanimité, désespoir, libertinage.**
- **Avarice → trahison, fraude, mensonge.**
- **Gourmandise : hébétude de l'esprit, bavardage, fausse allégresse.**
- **Luxure → aveuglement de l'esprit, inconstance, convoitise.**

Les auteurs postérieurs (parmi lesquels il faut écarter Saint Isidore de Séville, Alcuin et Pierre Lombard) reprennent ces différentes énumérations. Saint Thomas préfère l'énumération grégorienne, mais il la modifie légèrement. D'après lui, les vices

---

[15] Cf. Saint Jean Climaque, *Échelle sainte*.
[16] Cf. San Gregorio, *Moralia in Iob*, VI, livre 31, chapitre 45, 87-91.

capitaux naissent de différentes modalités selon lesquelles l'appétit ou l'affection se met en relation avec le bien (en le cherchant ou en le fuyant) :

a) La recherche désordonnée du bien spirituel qui excelle en nous engendre la *vaine gloire*.

b) Le désir désordonné du bien-être physique engendre la *gourmandise* ; celui du plaisir sexuel engendre la *luxure* et celui des biens corporels engendre l'*avarice*.

c) Lorsque nous fuyons un bien, au lieu de le chercher par crainte des efforts que cela implique, nous sommes *acédieux* (s'il s'agit d'un bien spirituel) ou *paresseux* (s'il s'agit d'un bien quelconque).

d) Si nous rejetons un bien de notre prochain, car nous le considérons comme un rival de notre renommée ou de notre excellence, nous tombons dans l'*envie* ; et si le désir de vengeance ou de violence s'ajoute au refus, nous tombons dans la *colère*.

7. Conclusion

En conclusion, il est impossible que ceux qui ne se connaissent pas eux-mêmes puissent atteindre la perfection, ne fût-ce que parce qu'ils se feront des illusions sur leur propre état (en tombant soit dans un optimisme présomptueux, soit dans un découragement déprimant). La connaissance claire et réfléchie de soi-même incite à rechercher la perfection et aide à travailler sur des bases solides. Cette connaissance doit être complète et doit embrasser nos qualités et nos défauts naturels, ainsi que nos dons surnaturels et nos défauts sur le plan spirituel.

III. LES TEMPÉRAMENTS OU DISPOSITIONS INNÉES

Nous avons précédemment souligné l'importance de connaître notre tempérament, car le défaut dominant a une relation intime avec la base tempéramentale négative de chacun d'entre nous, et car il faudrait développer les points positifs que nous avons reçus en cadeau. C'est pourquoi, dans ces pages, je consacre quelques paragraphes à ce sujet.

1. Tempérament et caractère

Tout d'abord, une clarification des mots : quand on parle de questions caractérologiques, les auteurs ne sont pas tous d'accord sur le vocabulaire. Certains parlent du tempérament et du caractère comme de réalités différentes ; d'autres les identifient ; certains attribuent à chacun de ces mots des sens différents, ou même certains appellent *le caractère* ce que d'autres appellent *le tempérament*[17]. J'utilise une définition plus classique du tempérament, selon laquelle il est l'ensemble des tendances profondes dérivées de la constitution physiologique des individus : « L'ensemble des inclinations innées, typiques d'un individu, qui dérivent de sa constitution psychologique et sont intimement liées à des facteurs biochimiques, endocriniens et neuro-végétatifs, ce qui confère des traits distinctifs au comportement essentiellement opérationnel de la personne »[18].

---

[17] Par exemple, Le Senne, dont la caractérologie sera présentée ci-après, appelle le *caractère* ce que j'appelle ici le *tempérament* : « Le caractère est l'ensemble des dispositions congénitales qui forme le squelette mental d'un homme » (*Tratado de Caracterología*, Buenos Aires, [1953], 16).

[18] Polaino Lorente A., *Temperamento*, Gran Enciclopedia Rialp, Madrid (1989), tome 22, 169. J.M. Poveda Ariño dit : « Le tempérament est le manteau instinctif et affectif de la personnalité ; c'est quelque chose plus proche de la biologie et plus dépendant du soma » (traduction de la définition du terme "Caractère" dans Gran Enciclopedia Rialp, Madrid [1989], tomo 5, 50).

Les anciens, tels qu'Hippocrate et Galien, l'attribuaient aux *quatre humeurs fondamentales* : la lymphe, la bile, les nerfs et le sang ; d'où dérive la division des tempéraments en lymphatique, bilieux, nerveux et sanguin, selon l'élément qui prédomine en chacun. Le mot latin *temperamentum* veut dire précisément « la combinaison proportionnée des éléments d'un tout ». Selon une conception plus moderne, il est en relation avec le fonctionnement endocrinien[19]. De manière similaire, Lercsh le lie au « fond endo-thymique »[20] ; d'autres le connectent à des éléments différents, tels que la « constitution physique », comme le dit Saint Thomas : « En effet, la complexion particulière du corps prédispose certains à la chasteté, à la douceur et à d'autres vertus »[21]. Saint Albert le Grand a souligné : « Certains sont naturellement enclins à la force d'âme, d'autres à la libéralité et d'autres à la chasteté (...). De même, certains sont naturellement enclins aux vices, par exemple, les mélancoliques à l'envie et les colériques à la colère »[22]. Conformément avec cela, je définis le tempérament comme « ce qui est donné par la nature »[23].

Au contraire, je définis le *caractère* comme l'ensemble des dispositions psychologiques qui sont le résultat du travail sur le tempérament, effectué par le biais de l'éducation et des efforts de la volonté, ce qui produit un ensemble de bonnes et de mauvaises habitudes (les vertus et les vices).

---

[19] « Le tempérament dépend en particulier des sécrétions de l'hypophyse, de la thyroïde et des glandes surrénales, car cette sécrétion détermine la prépondérance de l'impulsion au combat ou aux plaisirs » (Bednarski, *L'educazione dell'affettività* ("L'éducation de l'affectivité"), Milan, 1986, 22-23).

[20] Lersch appelle notre réalité émotionnelle et affective – intégrée par les humeurs, les sentiments, les émotions, les affections, les instincts et les tendances – le «fond endo-thymique», (Lersh, Philipp, *La estructura de la personalidad*, Barcelone (1974), 478-79).

[21] Saint Thomas d'Aquin, *Somme Théologique*, I-II, 51, 1.

[22] Saint Albert le Grand, *Quaestiones super De animalibus* (" Des animaux "), I.

[23] Gladys Sweeny le définit, d'après Caspi et Silva, comme « la tendance d'un individu à réagir de manières prévisibles aux événements dans l'environnement, de manières qui constituent des parties émotionnelles et du comportement, avec lesquelles la personnalité adulte se forme » (Cf. Sweeny, G., *La formación sana de la madurez afectiva*, Ecclesia, XXII, n ° 2 [2008], p. 139-158).

« Cela inclut toutes les dispositions psychologiques et le comportement habituel d'une personne, tout cela étant modelé par l'intelligence et la volonté »[24]. C'est la terminologie la plus utilisée par les éducateurs des vertus[25].

Le tempérament est donc le résultat de la prédominance physiologique d'un système organique. C'est quelque chose d'inné chez un individu : c'est sa nature ; c'est quelque chose que la nature impose. Pour la même raison, il ne disparaît jamais complètement : « habitude du berceau dure jusqu'au tombeau ». Pourtant, une éducation appropriée et la force surnaturelle de la grâce peuvent *minimiser* son vacarme ou supprimer totalement ses manifestations extérieures, en *maximisant* toutes les qualités positives – surtout si l'on identifie le défaut dominant, si on le combat grâce à l'examen particulier de conscience, si l'on découvre les qualités de chacun et si on les fait fructifier.

Nous pouvons affirmer qu'il ne « disparaît jamais » en tant que tendance (on aura toujours telle ou telle tendance selon sa propre constitution biophysique), mais il peut être modifié par le biais de l'éducation (et plus exactement par l'auto-éducation), comme le dit Saint Albert le Grand dans le suivi du texte mentionné ci-dessus: « Certains sont naturellement enclins à la

---

[24] Poveda Ariño, J.M., *Carácter*, 49.

[25] Par exemple, on peut lire dans le magnifique livre de Tihamer Toth, *El joven de carácter* (" Le caractère du jeune homme ") : « Que voulons-nous dire lorsque nous disons de quelqu'un : voilà un caractère ? Le mot caractère désigne la volonté humaine fixée vers le bien ; et un jeune homme est un caractère s'il a des nobles principes et s'il n'en cède rien, même si cette constance lui impose des sacrifices (…) Cela suffit déjà pur te montrer en quoi consiste l'éducation du caractère. D'abord, il faut t'animer de nobles principes (…) Ta seconde tâche est beaucoup plus difficile : c'est de suivre ces justes principes, c'est-à-dire de t'entraîner dans la voie du caractère. On ne reçoit pas un beau caractère en cadeau; on se le fait par un labeur solide et continu, en y travaillant pendant de longues années, des dizaines d'années souvent. L'influence de l'entourage, les penchants bons ou mauvais reçus en héritage peuvent produire une certaine impression sur notre caractère, mais, en fin de compte, notre caractère est notre œuvre personnelle, le résultat de notre travail d'éducation de nous-mêmes (…) Sais-tu ce que c'est que l'éducation ? C'est l'influence de notre volonté qui nous incite à suivre la bonne voie en toute situation, sans hésiter et avec joie. Sais-tu ce que c'est que le caractère ? C'est l'action en conformité avec nos principes fondamentaux ; c'est l'effort soutenu de notre âme dans la réalisation de la noble conception qu'on s'est faite de la vie ».

force d'âme, d'autres à la libéralité et d'autres à la chasteté, *et sans aucun doute, ils peuvent changer et se plier par habitude en sens contraire*. De même, certains sont naturellement enclins aux vices, par exemple, les mélancoliques à l'envie et les colériques à la colère, *et sans aucun doute, ils peuvent s'habituer en sens contraire, grâce au discernement de l'intelligence*». Le *caractère* a donc une partie *donnée par la nature* (la base tempéramentale) et une autre acquise par habitude et par les actes (les habitudes acquises, qui peuvent être des vertus ou des vices).

Ici, je ne parlerai que des tempéraments ou dispositions naturelles profondes, car ils sont parmi les défauts constitutifs de chaque personne, où nous rencontrons la passion dominante contre laquelle nous devons lutter pour nous forger une personnalité harmonieuse et vertueuse.

La classification la plus diffusée est celle qui est divisée en quatre parties et remonte à Hippocrate et Galien. Ils distinguaient quatre tempéraments fondamentaux : sanguin, nerveux, colérique et flegmatique. Cette classification est toujours valable et indicative, mais elle est trop vaste.

Aujourd'hui, on en utilise d'autres, basées sur des critères différents. Je veux mentionner la classification très connue de Heymans et Le Senne. Elle distingue huit types caractérologiques, selon les combinaisons possibles de trois variables[26] : 1) l'émotivité (le degré d'ouverture aux stimuli extérieurs et intérieurs) ; 2) l'activité (la plus ou moins grande inclination du tempérament à l'action) ; 3) le retentissement (la durée des stimuli chez une personne ; c'est-à-dire, si les impressions demeurent peu de temps – « primarité » – ou longtemps – « secondarité »)[27]. Les caractéristiques générales de

---

[26] D'autres auteurs mentionnent plus de variables : 1) le degré d'activité, ou le rythme typique, ou la vigueur des activités de quelqu'un ; 2) l'irritabilité / l'émotion négative, c'est-à-dire le degré de l'énervement de quelqu'un face aux événements négatifs ; 3) la " calmabilité ", c'est-à-dire la facilité avec laquelle on se calme après qu'on est dérangé ; 4) la peur, c'est-à-dire l'inquiétude suscitée par des stimuli intenses ou très inhabituels ; 5) la sociabilité ou la réceptivité aux stimuli sociales.

[27] Une description plus détaillée des caractères selon Heymans et Le Senne est contenue dans : Ibáñez Gil, J., *Pastoral Juvenil Diferencial: Tipología y Pastoral*, Bs.

tous les types et leurs qualités positives et négatives principales sont exposées ci-dessous.

2. Les types de tempérament

(I) Le passionné

C'est un tempérament *émotif* (c'est-à-dire impressionnable devant tout type de stimuli), *actif* (il a une disposition intérieure pour l'action, peu importe qu'il ait des buts fixés ou non) et *secondaire* (il garde longtemps les impressions reçues et il reste très attaché à son passé).

En général, le passionné n'aime pas être inactif ; il n'est pas impulsif, mais énergique, même s'il n'extériorise pas beaucoup ; quand il se laisse aller, il est violent et dominateur.

Il est capable de se souvenir des leçons des expériences passées et en tirer profit pour l'avenir. Son initiative et sa faculté d'adaptation sont très grandes, bien que tranquilles à l'extérieur, sauf dans des cas exceptionnels, et elles sont consciemment dirigées vers des objectifs lointains et constants.

Ses sentiments et ses passions sont forts, profonds ; ils s'enracinent en lui et influencent sa conduite pendant longtemps. Face à une offense, sa colère s'enflamme à l'intérieur, même si elle ne se montre pas à l'extérieur. Si les offenses sont nombreuses, à la fin, il explose en une tempête de colère, qui dure et aboutit facilement au ressentiment et au désir de vengeance.

Face au danger, il réfléchit et il prend immédiatement une décision. S'il décide d'attaquer, il procède avec une violence sans précédent jusqu'à la victoire ou la mort. S'il pense qu'il doit adopter une attitude passive, il est tenace dans cette position.

As. (1970) ; un résumé plus bref se trouve dans : *Autoeducación: Análisis de los 8 Temperamentos*, dans : www.jmcordoba.org.ar/formacion/material-para-grupos-de-vida/doc_download/205-8-temperamentos (Mouvement de Schoenstatt) ; j'ai utilisé beaucoup ce résumé. Voir également : Benedit, Magdalena, *Apuntes para la comprensión del carácter*, UCALP, La Plata (2003); Benedit, Magdalena, *Una mirada insustituible. Reconocer el carácter de los hijos*, Bs. As. (2010).

Ses faiblesses et celles des autres lui causent une grande colère et il se propose fermement de les corriger. Il est constant dans l'action, immuable dans ses jugements, parfois même têtu. Il a des sentiments tellement stables que son amitié est réellement fidèle, même après beaucoup de temps ; mais oublier une offense et pardonner lui coûtent beaucoup. Il a une capacité d'organisation et de contrôle remarquable ; il n'est pas aussi sympathique et attractif qu'efficace, vigoureux et ordonné. Énergique et sans un grand danger de dispersion, il sait être ferme, systématique et orienté vers un but dont il s'approche par des étapes bien planifiées.

Son intelligence est grande et bien déductive ; son imagination est féconde et il a souvent une mémoire excellente. Il s'intéresse aux problèmes sociaux, moraux, religieux et philosophiques. Il est naturellement honnête et digne de confiance. Il sait être fidèle à sa parole. Par rapport aux moins doués, il adopte spontanément un comportement protecteur et d'aide compatissante. Dans la vie sociale, il se montre désordonné et simple, sans un grand penchant ni pour la diplomatie sinueuse ni pour le conflit brusque. Extérieurement, il est correct mais peu expansif.

Aspects positifs. Quand il va vers un grand idéal, il est capable de dévouement, d'abnégation et d'une activité extraordinaire. Sa rigueur logique de la pensée, sa mémoire, sa capacité d'invention et son efficacité d'exécution le rendent capable de grandes entreprises ; sous leur direction et sous leurs ordres, il peut atteindre des objectifs remarquables. Il prend très au sérieux ses affaires et celles qui lui sont commandées et on peut lui faire confiance quand il s'engage ou promet quelque chose. Dans le guide des sujets, il sait être précis même s'il manque de sympathie attractive. A la fin, il est cohérent avec sa rectitude naturelle et il s'impose par sa justice et par sa noblesse. Il n'oublie pas les faveurs et il est reconnaissant. Son pouvoir de prévision et son sens de responsabilité sont remarquables.

Il est un directeur ou un chef de nature et il a une tendance affective fondée sur de grands projets et objectifs. Il a généralement de grandes aspirations dans tous les domaines auxquels il se consacre. Presque toutes les carrières supérieures lui conviennent, mais pas beaucoup l'art. S'il oriente bien sa vie spirituelle, il est doué pour un apostolat fécond. Il ne se contentera pas de la médiocrité mais il aspirera à la vraie sainteté. Généreux et altruiste, il recherche un contact intime avec Dieu.

Aspects négatifs. Il a de grandes passions qui ne peuvent pas être facilement effacées. Etre soumis à un supérieur lui coûte. Il peut être susceptible, critique, méfiant et il peut devenir grincheux. Quand il hait, il hait de tout son cœur et il est difficile de le réconcilier avec son ennemi. Il a une tendance spontanée à la rancune, à la vengeance et même à l'obstination.

Sa passion obscurcit fréquemment son jugement ; c'est pourquoi ses critiques sont sévères et souvent injustes. Son amour-propre est également remarquable : il n'accepte pas d'être battu ou dépassé. Il n'est pas étonnant qu'on remarque en lui de l'impatience pour les fautes des autres et de la méfiance à l'égard de certaines personnes. Dans ses actions, il pèche souvent à cause d'un excès d'énergie, ce qui le conduit à être dur et exigeant envers les autres.

Etant extrêmement indépendant et très orgueilleux, le travail et l'humiliation lui coûtent. Dans ses tâches, il essaie d'agir tout seul.

(II) Le colérique

Il est *émotif* (c'est-à-dire impressionnable devant tout type de stimuli), *actif* (il a une disposition intérieure pour l'action, peu importe qu'il ait des buts fixés ou non) et *primaire* (il réagit immédiatement mais il revient rapidement à son état précédent ; il est facile de le calmer).

Parmi ses caractéristiques générales, il faut mentionner avant tout son exubérance et son impulsivité. Il recherche des tâches où il peut décharger son élan vital. Il est combatif et enthousiaste, entreprenant et plein d'initiative. Il est généralement optimiste et heureux, et même s'il passe facilement et rapidement d'un sentiment à l'autre, son grand esprit d'adaptation lui donne continuellement de l'enthousiasme et de l'ardeur pour réaliser ses activités. Ces activités sont très souvent fébriles et il manque de constance dans une même direction et de profondeur dans son travail.

Ses sentiments sont nombreux, forts, expansifs au plus haut degré. Il a une tendance innée à communiquer ce qu'il pense et ressent : sa remarquable facilité de parole l'aide à ce propos. Toutes ses passions ont une nuance extrême ; il est fait pour les grandes entreprises, car il ne peut pas se résigner aux vues étroites ou aux ambiguïtés.

Si quelqu'un l'offense, il réagit violemment avec la parole et il passe à l'action sans attendre que les offenses soient répétées. Dans les moments de danger, il s'exalte et il se remplit d'enthousiasme, passant à l'attaque, sans calculer beaucoup les conséquences. Quand il commet quelque manque, il se remplit d'indignation envers lui-même. Face aux manques des autres, il les reproche et essaie de les corriger. Il a l'instinct de commander et de dominer et il n'est pas satisfait de sa position en tant que sujet. Son intelligence est rapide et pénétrante, intuitive et souvent très capable. Son allure extérieure est généralement en accord avec sa façon d'être : il a des traits virils, des regards déterminés, un pas ferme et des mouvements énergiques.

Aspects positifs. Sa force naturelle, son audace et sa valeur le rendent capable de grandes entreprises. Il est un homme de grands idéaux. Il a les compétences nécessaires pour des missions importantes dans la vie sociale. Il a une forte volonté et il est large d'esprit. Cela a été le caractère typique de plusieurs leaders célèbres.

Il est fait pour la politique, pour l'enseignement, pour la direction ; il a un grand talent pour l'improvisation et pour l'art oratoire. Il organise souvent et habilement les activités du groupe social auquel il appartient et il est capable de convaincre grâce à son optimisme communicatif.

Il est passionné de sport et très doué pour le pratiquer. Dans la vie spirituelle, il peut atteindre un haut degré de sainteté, avec l'aide de la grâce divine.

Aspects négatifs. Il vit le moment présent, en s'occupant uniquement des résultats immédiats. Il court le risque de disperser et de dissiper sa grande force vitale ; de commencer beaucoup de choses sans les achever ; de s'engager dans plus de tâches que celles qu'il sera capable de réaliser ; d'exercer simultanément de différentes occupations sans bien faire aucune chose.

Etant impulsif, il peut facilement prendre des décisions hasardeuses sans en prévoir les conséquences.

Sa richesse psychologique et la conscience de sa supériorité dans l'action peuvent facilement le conduire à l'orgueil ou à la vanité. Il a confiance en lui-même et il veut toujours imposer sa volonté aux autres. Reconnaître ses fautes lui coûte et il critique facilement les autres. Il est indulgent avec lui-même et exigeant avec les autres. Il défend parfois ses défauts comme s'ils étaient de bonnes qualités et il se vante de ses manques. Il peut être tellement colérique qu'il n'accepte pas la moindre contradiction sans se déchaîner dans la colère, atteignant parfois la cruauté.

Un autre danger dans son action est que, souhaitant ardemment ses objectifs, pour les atteindre, il utilise des moyens indignes.

(III) Le sentimental

Il est *émotif* (c'est-à-dire impressionnable devant tout type de stimuli), *non actif* (il n'a pas de disposition intérieure pour l'action) et *secondaire* (il garde longtemps les impressions reçues et il reste très attaché à son passé).

Ses traits principaux sont la profondeur et la persévérance de ses sentiments, qui, pourtant, ne se manifestent pas beaucoup extérieurement. Il est très sensible à tout type d'émotions ou d'impressions extérieures, mais une réaction intime se concentre dans les profondeurs de son âme, où elle se fixe avec ténacité et elle est de plus en plus accentuée.

Par exemple, il n'est pas étonnant que, quand il est offensé, il ne semble pas beaucoup affecté ; mais dès qu'il est tout seul, il va savourer son ressentiment, en grandissant l'offense dans son imagination. Si les injures se répètent, il va exploser violemment et la réconciliation va être très difficile pour lui, à cause de la profondeur de la blessure dans son esprit. Par ailleurs, il est fidèle et constant dans l'amitié. Généralement, il n'a pas beaucoup d'amis et il préfère avoir un petit groupe d'amis proches. Il se rappelle et apprécie toute faveur et toute attention qu'il a reçues. Il n'est pas très enclin au rire et à l'expansivité, mais au sérieux, à la mélancolie et aux scrupules.

Son point fort n'est pas l'activité physique ni l'activité intellectuelle, mais l'affectivité. Il est facilement ému par les maux des autres et, en voyant de nombreuses misères dans le monde, il voudrait les résoudre. Il peut souffrir plus que les autres à cause des défauts des autres et il peut devenir susceptible.

Il est très enclin à la réflexion et à l'examen de lui-même. Il est indécis et il revient mille fois sur ses sentiments et sur ses actions, ce qui, souvent, ne lui permet pas d'agir, tout comme son profond sens moral. Il a toujours peur de ne pas avoir fait les choses bien et correctement. Dans l'action, il est assez lent et, habituellement, il n'entreprend pas d'œuvres de sa propre initiative. En temps de danger, il est consterné et il préfère une attitude passive à une défense active. Face à ses propres fautes, il se décourage facilement et il désespère de se corriger. Face aux fautes des autres, il s'apaise intérieurement, même si, souvent, il n'arrive pas à les corriger. Il n'a pas beaucoup de sens pratique ; il est un rêveur et il peut avoir du talent littéraire. Il est sensible aux changements de temps.

Il a une conception sérieuse de la vie et, en général, il aime tout ce qui est grand et profond. La douceur et l'amabilité extérieures sont ses attitudes ordinaires. Il n'offre pas de l'aide volontairement, mais il est prêt à aider s'il y a quelque besoin. Il est très apte aux œuvres qui exigent du dévouement, du silence et de la charité. Sa persévérance est l'une de ses caractéristiques marquées. Il accomplit son devoir et il se rend compte de ses responsabilités, en essayant de les suivre attentivement. Son aspect est simple et il n'aime pas l'ostentation.

Aspects positifs. Il est bon et honnête ; il n'est pas capable d'être cruel ou dur avec les autres même si, extérieurement, sa discrétion peut être confondue avec de l'apathie. Il aime souvent soigner les malades. Il compense sa faible inclination à l'action par sa facilité à la prière. En général, il trouve la consolation et la paix intérieure dans la relation intime avec Dieu. Simple, humble et digne de confiance, il est peu enclin à la sensibilité. Il est prêt à aider les autres. Il est persévérant ; il travaille sérieusement ; il exécute ses obligations. Ceux qui appartient à cette typologie sont notamment les moralistes, les pédagogues, les psychologues, etc., ainsi que les hommes de lettres et les critiques d'art.

Aspects négatifs. Il peut pécher à cause de son indécision. Il a tendance à se décourager et à sous-estimer ses qualités, ce qui peut le conduire au pessimisme, à l'amertume ou à une timidité agaçante pour lui-même et pour les autres. Pour compenser cela, il peut prendre l'habitude de juger et qualifier intérieurement les autres sans amour. Un risque est la fierté ou l'orgueil intérieur affectif, qui compensent son sentiment d'infériorité par rapport aux autres, dont les actions et les apparences sont plus brillantes. Il a beaucoup de difficulté à pardonner les offenses et quand il hait, il hait intensément. S'il est offensé, il se sent méprisé et détesté ; il se méfie de tout le monde et il pense que les autres veulent lui faire du mal. Il court le risque de dégrader son caractère s'il cède excessivement à sa tendance à la solitude, ce qui peut le rendre égoïste.

(IV) Le nerveux

Il est *émotif* (c'est-à-dire impressionnable devant tout type de stimuli), *non actif* (il n'a pas de disposition intérieure pour l'action) et *primaire* (il réagit immédiatement mais il revient rapidement à son état précédent).

En général, ses sentiments sont très variables. Sa vitalité est tumultueuse, pas trop cohérente et ordonnée. Il s'intéresse principalement à sa vie personnelle, qui est riche et complexe : il est l'homme de problèmes intérieurs, de tensions, de joies intenses et de douleurs qui se succèdent et lui font penser beaucoup à lui-même. Il peut conserver des impressions pendant longtemps.

Son imagination est très vive et son ingéniosité est vive, elle aussi ; il a des qualités artistiques et du talent musical. Pour la même raison, il est extrêmement suggestible, curieux, il aime ce qui lui procure du plaisir momentané et ce qui impressionne. Il ressent fortement les injures et il le laisse paraître par ses changements d'humeur, même si momentanés. Cette excitabilité peut le rendre très indiscipliné, rebelle et rude dans son attitude à l'égard de ceux qui l'ont blessé (ou dont il croit qu'il a été offensé). S'il commet une faute, il se décourage facilement et il prend la résolution de se corriger, mais il l'oublie immédiatement. Il a tendance à se surestimer : il souligne intérieurement ses bonnes qualités et il prête peu d'attention à ses défauts. Il ressent le besoin d'attirer l'attention, d'être admiré, de donner libre cours à ses fréquents accès ou à ses impulsions.

Son intelligence est plus intuitive que déductive, plus concrète qu'abstraite. Il est agile, il a toujours les nerfs tendus, et il n'est pas constant dans des efforts continus et lourds. Il se laisse facilement influencer ; il a tendance à penser, à ressentir et à agir comme les autres, avec lesquels il y a une bonne compréhension, grâce a sa grande capacité de syntonie. Il est très adaptable aux nouveaux environnements. Il est capable de séduire les autres ; il est très aimable avec ceux qui sympathisent avec lui.

Aspects positifs. Il a un cœur très sensible ; il est enclin à la bonté et à la compassion et il est extrêmement généreux. Il est très attentif aux besoins et aux goûts des autres. Il est serviable et affectueux avec ceux qu'il admire ou dont il sait qu'il est apprécié et aimé. Il est poli et il sait être diplomate quand il veut. S'il reçoit des ordres de quelqu'un qu'il apprécie, il est docile et obéissant. Grâce à son esprit délicat, il y a de la grâce et quelque chose de spécial dans sa façon d'agir. Il est bon à réconforter des personnes découragées.

Aspects négatifs. La racine de ses fautes est la sensibilité. Avant de se rapprocher de lui, il faut tout d'abord comprendre « de quelle humeur est-il aujourd'hui ». S'il se laisse dominer par ses sentiments, il devient insupportable pour ses amis. Il peut devenir si susceptible que, si on le regarde, il se sent peut-être blessé car on le regarde ; si on ne le regarde pas, il se sent méprisé car on ne le regarde pas. Il est également enclin à la vanité et à la sensibilité. Il vit d'impressions, d'élans momentanés ; s'il s'abandonne à eux, il ne fera rien de grand et de sérieux. Il est imprévoyant et il est un ennemi de tout ce qui exige des efforts et d'une discipline méthodique (mentale ou physique). Cette inconstance est son défaut principal. En outre, en raison de cette dépendance à l'impression momentanée, il change facilement d'opinion et de profession ; il peut devenir un esclave du moment présent.

(V) Le flegmatique

Il est *non émotif* (il n'est pas facilement impressionnable), *actif* (il a une disposition intérieure pour l'action ; peu importe qu'il ait des buts fixés ou non) et *secondaire* (il garde longtemps les impressions reçues et il reste très attaché à son passé).

Parmi ses caractéristiques générales, il faut mentionner sa personnalité fortement structurée, solide et très riche en énergie active. Il n'a pas de sentiments internes mais il a de la constance et de la ténacité dans l'action.

Il est un homme sans de grandes passions et difficilement excitable ; il garde une tranquillité affective constante. Dans ses actions, il est rarement violent et surexcité. Il est très patient. Peu loquace, quand il parle, il le fait avec mesure et il n'hausse presque jamais le ton. Il réduit ses manifestations d'affection au minimum, ce qui donne souvent une sensation de froideur. Il est toujours occupé, méticuleusement ordonné et méthodique en toutes choses. D'habitude, il ne se réjouit pas de la vie sociale mais il est fidèle à ses amitiés.

Il a un esprit clair et logique et ses intérêts sont principalement intellectuels : la spéculation, les mathématiques, le droit, la littérature. Il est simple dans ses affaires et rarement vaniteux.

Dans ses actions, il est constant, même s'il est lent et flegmatique. Ses œuvres sont en accord avec ses idées et avec ses principes. Il montre une grande rectitude morale, presque inflexible. Il est réfléchi et extrêmement prudent : il ne se décide pas à agir sans avoir calculé tous les résultats possibles et sans avoir évalué toutes les difficultés. Quand il se décide, il se consacre au travail sérieusement et constamment.

Il est parcimonieux, honnête et sincère. Devant les offenses, il ne se trouble pas, comme si de rien n'était, ou il réagit joyeusement. Au moment du danger, il est indécis mais il ne se trouble pas facilement, il garde sa sérénité et il ne prend pas de décisions rapides. S'il commet des fautes, il ne s'afflige pas trop.

Son intelligence est plus apte à approfondir qu'à réfléchir rapidement. Il se distingue par son sens pratique et par sa connaissance des gens. Il est un bon organisateur, objectif et réaliste ; il a peu d'imagination et il n'est pas très doué pour la création artistique.

Aspects positifs. Nous pouvons mentionner sa tranquillité à accepter toutes les choses qui se passent et le fait que les difficultés ne l'inquiètent pas. Il garde facilement l'équilibre entre pensée et action. Il n'a pas de passions violentes, il est sobre et modéré et il ne suit pas ses premiers élans. Il aime réfléchir et considérer les choses lentement. Sa façon de penser est mûre et il est profond dans ses convictions religieuses et dans ses critères fondamentaux. Il sait tolérer les autres avec patience, il est bienveillant et aimable. Peu enclin à l'ostentation et à la splendeur, il est naturel et simple, sans ambitions exagérées. Il n'a jamais l'habitude de mentir. Ce qu'il n'atteint pas par sa rapidité, il l'atteint grâce à sa constance. Etant un homme pratique, il sait bien profiter des moyens et il recherche le profit plutôt que l'apparence. Il aime les ordres clairement définis. Il est apte à tout ce qui nécessite de l'ordre et de la constance; il est donc un grand collaborateur. Cela, avec son profond sens du devoir, le rend capable de postes de grande responsabilité sociale et de délicate administration. Dans son travail, il est généralement efficace, confiant et constant.

Aspects négatifs. Sa tranquillité sentimentale peut dégénérer en une sorte d'apathie qui le pousse à ne se soucier de rien, à ne pas montrer son intérêt ou son enthousiasme. Généralement, il tend à endurcir son cœur, en le rendant insensible et froid envers les autres et en l'amenant progressivement à un égoïsme calculateur et à l'orgueil de l'autosuffisance.

Il a tendance à être esclave de son organisation, de ses habitudes et de sa méthode. Il est possible qu'il exagère avec sa prudence et ses prévisions au point de ne rien commencer à force de trop penser aux difficultés éventuelles et, ce faisant, il gaspille les occasions favorables. Cela l'effraie en plusieurs occasions et peut le rendre paresseux, ce qui est un paradoxe pour un type actif. Par conséquent, il évite d'agir pour éviter des échecs ou des dangers, ou tout simplement pour défendre sa solitude et son indépendance du bruit et de la relation avec les gens. Dans ces cas, il a l'habitude de se réfugier dans l'activité mentale (de préférence imaginative), et dans son action extérieure il préfère systématiquement ce qui est confortable et facile, en s'éloignant de ce qui peut lui sembler difficile et ardu.

VI) Le sanguin

Il est *non émotif* (il n'est pas facilement impressionnable), *actif* (il a une disposition intérieure pour l'action, peu importe qu'il ait des buts fixés ou non) et *primaire* (il réagit immédiatement, mais il revient rapidement à l'état précédent).

Caractéristiques générales. Il ne peut pas rester inactif, même s'il n'est pas constant dans la poursuite de ce qu'il commence. En général, il est toujours joyeux, souriant et très loquace. Il aime les discours vifs et animés, l'exagération, le bruit, l'animation. Il est sociable, attentif et aimable ; il aime la compagnie, l'amitié et la liberté. La politique et la religion ne le passionnent pas ; en général, ses passions ne sont pas très fortes. D'habitude, il est doué pour la musique et il aime les sports. Il a une imagination vive. Il a toujours besoin d'être pris par des occupations, mais il préfère ce qui lui est plus agréable et qui attire son attention. Il se laisse facilement emporter par les apparences et, par conséquent, il est souvent superficiel dans ses jugements. Pour persévérer dans le travail qu'il a commencé, il a besoin d'être constamment stimulé. Il veut toujours changer et, pour cette raison, dans sa générosité, il arrive difficilement à donner en totalité. Il est expansif et tout ce qu'il pense, il le commente, le discute et le communique aux autres. Il ne s'irrite pas facilement face aux offenses, et s'il le fait, il se lance immédiatement sans réfléchir et il n'est pas facile de l'épouvanter. S'il commet des fautes, il se console facilement et renouvelle ses bonnes intentions.

Aspects positifs. Il est une personne agréable dans la vie sociale. Il est affable, bon, plein de joie et de bonne humeur, courageux et sociable, très serviable et aimable avec tout le monde. Il se rend compte facilement de ce qui manque aux autres et il offre de bon cœur son aide. Il est compatissant et miséricordieux envers les faiblesses des autres. Il a un sens pratique remarquable et une intelligence intuitive. Il ne s'inquiète pas avec angoisse et il ne va pas au fond des problèmes. Il est très habile à reprendre les fautes des autres avec délicatesse, mais également avec sincérité. Il aime toujours dire la vérité, sans feinte. Il ne garde rancune à personne. Il pardonne facilement. Il est très docile aux indications de ses supérieurs, avec simplicité d'esprit.

Aspects négatifs. Son problème principal est qu'il manque de réflexion et qu'il se laisse emporter par le plaisir et par les premières impulsions, et non par la raison. Il est superficiel. Il n'a pas beaucoup de discernement. La discipline et la mortification lui coûtent beaucoup. Ses appétits et son imagination débordent facilement. Sa personnalité n'étant ni très solide ni sérieuse, il se laisse entraîner par quiconque lui semble, à première vue, charmant et sympathique.

(VII) L'apathique

L'apathique est *non émotif* (il n'est pas facilement impressionnable), *non actif* (il n'a pas de disposition intérieure pour l'action, mais il est plutôt passif) et *secondaire* (il garde longtemps les impressions reçues et il est très attaché à son passé)

Parmi ses *caractéristiques générales*, son manque de vitalité et son isolement émergent. Il évite de se mêler des affaires et des activités des autres. Ses compagnons ne l'agacent pas, mais eux, ils ne signifient pas grand-chose pour lui, même s'il faut tenir compte du fait qu'il existe beaucoup de types intermédiaires. Il est aussi docile mais en apparence seulement, car ce que l'on peut observer est plutôt peu de tension affective. Il préfère une vie tranquille et il est indifférent à la vie sociale. Il n'est pas très doué pour le travail pratique, mais plutôt pour le travail théorique. Il est docile et conformiste et donc il s'adapte bien aux règles du lieu où il doit vivre.

Aspects positifs. Un élément positif est sa stabilité, son enracinement et sa ténacité. Il est capable de discipline et de régularité. D'habitude, il n'entre pas en conflit avec les autres. Son domaine favori est celui de l'abstraction et il préfère les mathématiques aux sciences expérimentales et aux travaux pratiques.

Parmi les *aspects négatifs*, il faut signaler le manque de dynamisme psychique, qui suppose presque toujours un déséquilibre du système neuro-végétatif et, par conséquent, une probable insuffisance endocrinienne. Il tend à ne pas se préoccuper de lui-même ou de ses compagnons et il tend à vivre passivement. En raison de sa réserve et de son air méditatif, il simule une certaine richesse intérieure. Mais il existe un risque que ce ne soit qu'un déguisement et qu'en réalité, il manque d'intérêt et d'enthousiasme pour sa vie. Il peut également concentrer son intérêt vers un égocentrisme renfermé uniquement dans ce qui attire son bien-être, son attention et sa joie. Il tend à ne pas se compromettre dans des activités altruistes qui nécessitent des efforts et des sacrifices.

(VIII) L'amorphe ou lymphatique

Il est *non émotif* (il n'est pas facilement impressionnable), *non actif* (il n'a pas de disposition intérieure pour l'action, mais il est plutôt passif) et *primaire* (il réagit immédiatement, mais il revient rapidement à l'état précédent).

On souligne que, lorsque cette formule tempéramentale est présente – même si elle n'est pas très courante –, l'une de ses caractéristiques générales est celle de se laisser facilement influencer par le milieu. L'amorphe est optimiste, aimable et très suggestible. Il est sociable, mais avec une tendance à éviter l'effort personnel que les travaux ordinaires exigent. Il est paresseux, mais chez quelqu'un la paresse se cache derrière l'activité, de sorte qu'il fait les choses qu'il aime, mais il fuit celles qu'il doit faire ou il est satisfait du minimum obligatoire. Il se fatigue immédiatement et il a peu de sens de la réalité.

Parmi les *aspects positifs*, il y a sa valeur qui se manifeste le plus dans la capacité de résistance. L'amorphe est imperturbable face au danger. En général, son jugement est pratique, il est très sociable, il a besoin des autres pour agir et il fait les choses avec plaisir et souvent avec une réelle aptitude pour l'art scénique. Il est souvent doué pour la musique.

Parmi les *aspects négatifs*, le plus important est la paresse. En effet, l'amorphe se réserve l'effort pour la dernière minute, lorsqu'il est obligé par la nécessité. D'ordinaire, il manque donc de fiabilité et de ponctualité. Cette paresse dépend souvent de causes organiques (faiblesse constitutive ou accidentelle). Il est plutôt maladroit dans les choses qui exigent de l'ordre. Il est négligent et parfois il manque d'attention dans le nettoyage. Il se laisse facilement influencer par le milieu où il vit, ce qui peut le mettre en grand danger. Son inactivité lui empêche d'être serviable, en le rendant de plus en plus égocentrique. Il risque de toujours voler en rase-mottes.

3. Pourquoi ces descriptions sont-elles importantes ?

Aucun de ces « types » n'existe dans un état "chimiquement pur", mais il y a de nombreuses variantes. En général, il est de toute façon indubitable que certains traits de tempérament prédominent en chaque individu, ce qui permette de le placer, avec les réserves et les précautions nécessaires, dans une des descriptions présentées.

Ces profils ne peuvent nous donner qu'une connaissance partielle (donc, il ne s'agit que de la structure, sans faire allusion ni au contexte, ni à l'histoire, ni à l'éducation, ni à la liberté), sommaire (car elle nous donne des informations sur certains aspects mais pas sur d'autres) et schématique (car ces modèles sont plutôt théoriques et rigides et doivent être ensuite adaptés à chaque cas individuel)[28]. Mais tout cela nous suffit pour mieux comprendre certains de nos attributs, pour voir la relation intime d'un trait avec les autres, et pour mieux nous comprendre nous-mêmes (et aussi pour mieux comprendre les autres ![29]). Cela nous aide également à reconnaître les points les plus importants de nos dispositions profondes, à prendre conscience des conséquences de nos réactions, à mieux définir nos aspects positifs et négatifs, et enfin à découvrir les racines de nos défauts afin d'y travailler.

---

[28] Cf. Benedit Magdalena, *La comprensión del carácter,* 42.

[29] Je suis tout à fait d'accord avec Magdalena Benedit: « De façon instinctive, chacun de nous a en soi un *modèle*. Nous imaginons l'autre à partir de *nos* paramètres personnels ou idéaux, et nous arrivons à *moraliser* : telle ou telle réaction nous paraît mauvaise ou bonne (...) Le principe de base de la caractérologie est que nous sommes tous différents et que, pour nous comprendre les uns les autres, il est utile de penser que nous sommes unis par les caractéristiques que nous avons en commun (...) » (Benedit Magdalena, *La comprensión del carácter*, 36). C'est ce que Castellani avait déjà dit : « Il est bizarre, ce type ! – dit le Bélier. Qu'est-ce qui est bizarre ? – demande [la brebis]. 'Etre bizarre' veut dire ne pas être comme moi – dit le Bélier ».